# Gestione del marketing per principianti

Come creare e affermare il suo marchio, costruire relazioni con i clienti e aumentare le vendite con la gestione del marketing.

## Sebastian Wahlig

# CONTENUTO


Cosa può aspettarsi da questo libro? ......................1

Introduzione .................................................3

La gestione del marketing nel 21° secolo .............3

Obiettivi..................................................4

Marketing mix..............................................6

Mercati e partecipanti al mercato........................10

Introduzione alla ricerca di mercato.................. 10

Definizioni del mercato.............................. 18

Marketing Sviluppare strategie e piani...................23

Analisi della situazione iniziale ........................ 23

Selezione di strategie adeguate ...................... 35

Suggerimenti per una strategia di marketing
efficace ............................................... 47

Creare la fedeltà del cliente .............................50

I fondamenti della costruzione del marchio....... 50

Quali sono i passi più importanti nella
costruzione di un marchio?....................... 58

La curva di domanda e offerta ........................... 62

Dalla teoria alla pratica .................................69

I consigli pratici più importanti per generare più
vendite dal marketing .................................. 69

E ora lei: In 10 passi verso il suo piano di marketing.................................................... 76

# Cosa può aspettarsi da questo libro?

È interessato alla gestione del marketing, ma ha bisogno di una sintesi delle nozioni di base per comprenderla correttamente e valutare da solo le opportunità? Allora questa guida è esattamente ciò che le serve: Una gestione intelligente del marketing è uno strumento importante per la costruzione del marchio e la fidelizzazione sostenibile dei clienti.

Qui troverà un'introduzione al marketing management con i suoi principi di base più importanti:

cosa significa effettivamente il termine al giorno d'oggi e quali obiettivi persegue?

Avrà sicuramente sentito parlare del noto marketing mix, ma cosa significa esattamente? Che dire del mercato esistente, come vengono fatte le demarcazioni e come si sviluppa una strategia di marketing adeguata sulla base di queste informazioni, per essere in grado di legare i clienti a lungo termine?

In questo libro troverà risposte facili da capire a tutte queste domande, che la aiuteranno ad avere una visione globale delle basi.

Inoltre, riceverà importanti consigli pratici e un piano d'azione in 10 fasi per costruire il suo piano di marketing.

# Introduzione

## LA GESTIONE DEL MARKETING NEL 21° SECOLO

Il termine marketing in tedesco significa gestione delle vendite e comprende una serie di strategie e attività aziendali con l'obiettivo di presentare e infine vendere un marchio, un prodotto o un servizio a uno o più gruppi target. Nel corso degli ultimi 100 anni, la gestione del marketing ha subito un'importante trasformazione: Il marketing che conosciamo oggi è nato solo alla fine del XIX secolo, perché fino ad allora esistevano ancora i vecchi e familiari mercati dei venditori. La gamma di prodotti era ancora molto ridotta rispetto ad oggi, per cui il numero di potenziali clienti si concentrava su un numero inferiore di prodotti tra i quali era necessario effettuare una selezione. Con l'avanzare dell'industrializzazione e la conseguente produzione di massa, il numero di prodotti è cresciuto e sono emersi i cosiddetti mercati degli acquirenti: un numero sempre crescente di fornitori compete per un numero minore di clienti idonei al prodotto.

**Buono a sapersi!** Nel mercato degli acquirenti di oggi, non si tratta più di un cliente che acquista un prodotto, ma il motto è: "Compra i miei prodotti invece di quelli del mio concorrente".

## OBIETTIVI

Perché dovrebbe conoscere e utilizzare le misure di marketing? Molto semplicemente, come ha già appreso nel paragrafo precedente, oggi i mercati sono strutturati in modo molto diverso e la concorrenza è molto elevata nella maggior parte dei settori. Quindi deve raggiungere i suoi potenziali clienti in qualche modo, per convincerli del suo prodotto o servizio.

Ma anche in questo caso, prima di iniziare a sviluppare una strategia di marketing, deve distinguere e definire esattamente il suo obiettivo commerciale. Vuole principalmente promuovere il suo marchio o dedicarsi direttamente alla distribuzione di prodotti specifici?

Qui troverà una panoramica degli obiettivi di branding più importanti:

• Generare l'immagine di un marchio (da costruire)

• Aumentare la portata e la consapevolezza

• Trattenere i clienti attraverso la soddisfazione e quindi creare la fedeltà al marchio.

• Aumentare la penetrazione degli acquirenti (ad esempio: Quanto è grande la quota di acquirenti di un marchio rispetto al totale di tutti gli acquirenti di un determinato gruppo di prodotti?)

• Aumentare il volume degli acquisti

• Comunicare la competenza del marchio

Al contrario, gli obiettivi principali del marketing delle vendite sono i seguenti:

• Aumenta le vendite

• Aumentare il fatturato e il margine di contribuzione

• Aumentare la redditività

• Aumentare la quota di mercato

• Espandere il profitto

• Aumentare il livello dei prezzi

• Espandere il livello di distribuzione.

# MARKETING MIX

Il mercato odierno offre innumerevoli fornitori di prodotti e servizi in tutto il mondo.

Tutti questi produttori sono in concorrenza tra loro e devono quindi differenziare i loro prodotti da quelli degli altri.

In questo contesto, il cosiddetto marketing mix mostra varie possibilità per realizzare tale differenziazione. Il marketing mix del marchio consiste nelle classiche "quattro P", che riassumono tutte le aree di marketing che contribuiscono al raggiungimento degli obiettivi.

> - Prodotto (politica di prodotto)
> - Prezzo (politica dei prezzi)
> - Luogo (politica di distribuzione)
> - Promozione (politica di comunicazione).

In questo caso, è particolarmente importante che tutte le aree o attività siano esattamente coordinate tra loro. Si potrebbe anche dire che il marketing mix traduce le strategie astratte in piani concreti. Di seguito, approfondiremo i singoli strumenti:

**Prodotto - Politica di prodotto**

Il componente più importante di un'azienda è costituito dai prodotti o servizi che devono essere venduti.

Pertanto, questo pilastro comprende tutte le attività che vanno di pari passo con questo prodotto. La politica di prodotto ha quindi un'importanza significativa nel marketing mix, perché è l'elemento centrale di ogni azienda. Allo stesso tempo, costituisce la base per le altre misure di marketing. In questo contesto, è fondamentale determinare il ciclo di vita del prodotto e tenerne conto nella pianificazione.

Le seguenti domande possono essere discusse nell'ambito della politica di prodotto:

• Quali prodotti devono essere distribuiti sul mercato?

• Che aspetto ha la confezione?

• È necessario togliere dal mercato un prodotto esistente?

**Prezzo - politica dei prezzi**

Quando si pianifica il marketing, il prezzo gioca un ruolo importante, il che, tra l'altro, accadeva molto prima che nascesse il concetto di marketing. Si tratta quindi di considerare il modo in cui l'azienda vuole costruire il suo pricing, al fine di ottenere un giusto rapporto prezzo-prestazioni e, allo stesso tempo, generare il maggior profitto possibile. Vengono affrontate questioni come:

• Che prezzo dovrebbe avere il mio prodotto?

• Dovrebbero esserci degli sconti?

• Quali sono le opzioni di spedizione e consegna?

## Luogo - Politica di distribuzione

La politica di distribuzione si occupa delle misure che riguardano la distribuzione del prodotto o servizio offerto. Tra le altre cose, è necessario chiarire quanto segue:

• Dove dovrebbe essere venduto il prodotto?

• In quale momento o in quale arco di tempo?

• Sono interposti grossisti e dettaglianti o il prodotto viene distribuito direttamente al cliente?

• Ci sono quantità target nella vendita di questo prodotto?

## Promozione - Politica di comunicazione

Si riferisce a tutti i mezzi utilizzati per vendere i prodotti e rivolgersi ai clienti.

Le domande elementari sono ad esempio:

• Come e dove deve essere pubblicizzato il prodotto?

• Ad esempio, deve essere esposto in una fiera o pubblicizzato in televisione?

Ora che tutte le aree sono state affrontate, vorremmo chiarire perché un buon marketing mix è così importante. Il raggruppamento sensato di tutte le misure pianificate assicura che un gruppo target definito possa essere indirizzato in modo efficace e, idealmente, legato in modo duraturo all'azienda.

In questo contesto, l'efficacia delle attività svolte dipende fortemente dagli obiettivi precedenti, motivo per cui un grande investimento in riflessione e strategia si ripaga in anticipo. Poiché il marketing mix ha come obiettivo quello di rivolgersi ai clienti, influenza direttamente il fatturato e il profitto di un'azienda.

# Mercati e partecipanti al mercato

## INTRODUZIONE ALLA RICERCA DI MERCATO

Le decisioni di marketing richiedono un'ampia gamma di informazioni sul mercato. Ciò comporta, ad esempio, la conoscenza dei clienti, della concorrenza e, naturalmente, della propria situazione aziendale.

Il compito della ricerca di mercato è quindi la determinazione completa di queste informazioni o, in termini scientifici, l'esplorazione sistematica di un sotto-mercato definito. È importante per ogni azienda, al fine di affermarsi con successo sul mercato. La ricerca di mercato è un sottocampo della ricerca di marketing, con la differenza essenziale che quest'ultima si concentra prevalentemente sulla situazione dell'azienda e non è quindi limitata ai mercati.

I compiti della ricerca di mercato comprendono:

• Identificare informazioni complete sui mercati di vendita cruciali

• Assistenza nella selezione delle misure di marketing più adatte (funzione di valutazione)

• Contribuisce all'ottimizzazione continua di varie misure e alla ricerca delle cause di eventuali guasti (funzione di controllo).

• Riconoscere le tendenze e gli sviluppi (funzione di innovazione).

• La determinazione dei rischi (funzione di allerta precoce)

• Supporto nel processo decisionale (funzione di riduzione dell'incertezza)

• Aumentare il processo decisionale interno.

**Tipi di ricerca di mercato**
A seconda dell'oggetto dell'indagine, si distingue tra ricerca di mercato demoscopica ed ecoscopica:

**La ricerca di mercato demoscopica** è responsabile della raccolta dei dati relativi all'oggetto dei singoli partecipanti al mercato, come l'età, il sesso, lo stato civile, il reddito o l'occupazione, mentre la ricerca di **mercato ecoscopica** esplora i dati di settore relativi all'oggetto, come le vendite, le qualità dei prodotti o i prezzi. La base di quest'ultima è la natura dei mercati e comprende fattori come il numero di acquirenti e fornitori esistenti.

Un'ulteriore distinzione nel campo della ricerca di mercato è quella tra ricerca primaria e secondaria. Mentre nella **ricerca primaria** (ricerca sul campo) i dati sono ottenuti dal contatto diretto con i partecipanti al mercato, la **ricerca secondaria** lavora con risultati già esistenti (ricerca a tavolino). Discuteremo brevemente di entrambi i tipi:

*Ricerca primaria*

Si tratta di un metodo empirico di raccolta dei dati iniziali che può essere condotto una volta o in modo ricorrente. Essendo molto elaborato, viene attuato soprattutto da gruppi o istituzioni di grandi dimensioni e utilizza metodi sia qualitativi che quantitativi.

I metodi qualitativi possono essere interviste, workshop o osservazioni e di solito si basano su un piccolo gruppo di persone che, pur non essendo rappresentative dell'insieme, offrono una visione più profonda del loro processo decisionale.

Al contrario, la ricerca primaria quantitativa utilizza gruppi più ampi di diverse migliaia di persone che forniscono le loro informazioni, ad esempio con l'aiuto di questionari standardizzati, e quindi creano la base per una valutazione statistica.

I seguenti metodi possono essere citati come esempi:
- Sondaggio (scritto, telefonico, personale, online)
- Osservazione (sul campo, in laboratorio)
- Esperimento (campo, laboratorio, negozio)
- Panel di consumatori (documentazione del comportamento d'acquisto, soprattutto nell'ambito dei beni di consumo).

*Ricerca secondaria*

Come accennato all'inizio, la ricerca secondaria lavora con dati già esistenti e ne ricava risultati. L'elaborazione e l'interpretazione di questi dati esterni possono provenire dalle seguenti fonti:

• Database

• Rapporti annuali

• Statistiche ufficiali

• Libri e riviste specializzate

• Listini prezzi

• Rubriche

• Internet

• Studi

• Materiale di marketing del concorso (ad es. cataloghi)

• Notizie sull'associazione

• Pubblicazioni di brevetti.

Gli obiettivi della ricerca secondaria possono essere di diversa natura. Ad esempio, può rivelare la necessità di una ricerca primaria per chiarire una questione particolare, oppure i dati ottenuti possono essere utilizzati per formulare ipotesi e spiegare i problemi in modo più dettagliato.

Tuttavia, è sempre di fondamentale importanza garantire la rilevanza dei dati primari in relazione alla domanda di ricerca e che i dati siano aggiornati, completi, credibili e privi di influenze soggettive.

Vantaggi e svantaggi della ricerca primaria e secondaria

| Ricerca primaria | Ricerca secondaria |
|---|---|
| *Vantaggi:* | *Vantaggi:* |
| • dati autentici | • Le informazioni sono relativamente facili e veloci da ottenere |
| • corrente | • più economico |
| • esclusivo | • Parzialmente solo una fonte di dati |
| • i dati ottenuti sono correlati a una domanda specifica, accurati e rilevanti per la decisione da prendere. | • trovare molti possibili campi di informazione online. |

| *Svantaggi:* | *Svantaggi:* |
| --- | --- |
| • Tempo e costi elevati | • disponibilità limitata |
| • spese elevate per il personale | • In parte non specifico o troppo generico |
| • buona, è richiesta una conoscenza propria | • attualità limitata |
| • spesso fattibile solo con un aiuto esterno, a causa dell'elevato impegno richiesto. | • livello di dettaglio inadeguato |
| | • non esclusivo, in quanto generalmente accessibile |
| | • poco comparabili con le diverse fonti. |

> **Buono a sapersi**: Le informazioni provenienti dalla ricerca secondaria dovrebbero sempre essere controllate e utilizzate per prime, perché sono considerate dati di base e facilitano l'avvio del problema. Inoltre, contribuiscono all'efficienza economica della ricerca di mercato.

Quindi, come ha visto sopra, ci sono molti aspetti da considerare con entrambi i metodi di ricerca . Ma perché la ricerca di mercato è così importante? I due esempi seguenti illustrano cosa può accadere se si ignora la situazione dei mercati di vendita e non si notano le tendenze:

Per molto tempo, l'azienda informatica di fama mondiale IBM si è concentrata esclusivamente sulla produzione e sulla distribuzione di mainframe e si è resa conto troppo tardi dello sviluppo del mercato verso i PC e i computer portatili. Questo è stato un grave errore che ha comportato enormi opportunità di profitto mancate per l'azienda e che si sarebbe potuto evitare con una ricerca di mercato appropriata.

Un secondo esempio è l'industria automobilistica americana, che per diversi decenni ha prodotto solo per il mercato interno e, a causa del basso prezzo della benzina, ha prodotto quasi esclusivamente auto di grandi dimensioni con un consumo di benzina corrispondentemente elevato.

Lo svantaggio era che questi modelli erano poco adatti all'esportazione, il che è stato la rovina dell'industria automobilistica quando i prezzi della benzina sono aumentati significativamente negli Stati Uniti e i modelli più piccoli ed economici provenienti dal Giappone sono stati venduti meglio. L'industria automobilistica americana dovette quindi rinunciare involontariamente a importanti quote di mercato, provocando una crisi che ha lasciato il segno fino ad oggi.

Questi due esempi mostrano chiaramente che è fondamentale per ogni azienda osservare e analizzare costantemente lo sviluppo del mercato e agire in modo sostenibile sulla base dei risultati.

## DEFINIZIONI DEL MERCATO

Da un punto di vista economico, un mercato è l'incontro tra la domanda e l'offerta o il trasferimento dei diritti di disposizione. Ma cosa si intende con la definizione di mercato? La definizione del mercato ha lo scopo di determinare il mercato rilevante di un'azienda e, in questo contesto, di stabilire se occupa una posizione dominante o addirittura un monopolio. Questi compiti sono solitamente svolti dalle autorità di cartello, che delineano il mercato da considerare in termini di **prodotto**, **geografia** e **tempo**.

Il produttore di banane Chiquita può essere preso come esempio dell'importanza delle definizioni del mercato: Se si ipotizza che l'azienda distribuisca "frutta", un calcolo corrispondente risulta in una quota di mercato di solo circa il 5 percento. Tuttavia, ipotizzando una produzione pura di banane, questa quota sale a circa il 50 percento, suggerendo un elevato potere di mercato. In questo caso, è necessario un attento monitoraggio, in modo che, se necessario, si possa intervenire direttamente. In pratica, tuttavia, è più probabile che l'intero mercato della frutta venga delineato in questo caso, in quanto si può presumere che un forte aumento dei prezzi dirotterebbe la domanda dei clienti di banane verso altri tipi di frutta. Anche il soddisfacimento di alcune caratteristiche di un prodotto gioca un ruolo importante.

I diversi tipi di definizione del mercato sono spiegati brevemente di seguito:

**Definizione del mercato fattuale**

La definizione del mercato fattuale è il cuore della determinazione del mercato e scopre quali prodotti e servizi offre il mercato rilevante al momento attuale. Questo viene anche definito il concetto di mercato della domanda. Il mercato dell'offerta in esame comprende tutti i prodotti e servizi che sono sostituibili rispetto alle esigenze del consumatore in termini di funzione, caratteristiche e prezzo. Tuttavia, non bisogna sottovalutare le abitudini dei clienti: I rasoi a secco e quelli a umido, ad esempio, sono sostituibili tra loro, ma una volta che il cliente si è abituato a un certo tipo di rasatura e ne è soddisfatto, è piuttosto improbabile che cambi.

Tuttavia, anche i produttori giocano un ruolo importante nel tema della delimitazione del mercato e della possibile dominanza del mercato. Un produttore può sempre adattare i prodotti e i servizi offerti in base alle esigenze dei clienti. Tuttavia, spesso sono necessarie ulteriori informazioni per effettuare una delimitazione effettiva del mercato, motivo per cui sono stati introdotti diversi test. Ad esempio, un test SSNIP può verificare le conseguenze di un piccolo aumento di prezzo sul comportamento di acquisto, attuato in un periodo di tempo più lungo. In questo modo si determina se la clientela potrebbe passare ad un altro prodotto simile.

**Definizione del mercato spaziale**

Sia l'intercambiabilità in termini di funzione che i criteri di produzione giocano un ruolo in questo caso. Un buon esempio del primo è la produzione di sacchetti Hoover per i prodotti del marchio più noto. In questo caso, il commercio al dettaglio è in grado di coprire la domanda esistente con produttori di diversi Paesi europei (criterio funzionale). Per le caratteristiche legate alla produzione, può essere utile l'esempio degli automobilisti che desiderano immatricolare il proprio veicolo presso l'ufficio stradale competente. Questi dipendono solitamente dalle aziende di stampa di insegne che si trovano nelle immediate vicinanze.

## Definizione del mercato nel tempo

Come ultima distinzione, in qualche modo subordinata, per la definizione del mercato, c'è la variante temporale. Così, un mercato natalizio che si svolge a dicembre può essere un mercato rilevante in cui la situazione competitiva non cambierà, in quanto il maggior numero di aziende sarà attivo solo in questo lasso di tempo. Di conseguenza, non è necessario dividere la situazione competitiva in diversi periodi di tempo.

## Definizione del mercato vs. segmentazione del mercato

Segmentare un mercato significa prima catturarlo e poi dividerlo.

La segmentazione del mercato divide il mercato complessivo ed esamina ulteriori fattori con strumenti di marketing adeguati. Le segmentazioni possibili sono, ad esempio, i prodotti o i clienti, per cui si possono fare ulteriori distinzioni all'interno di questi criteri (per i clienti, ad esempio, in base all'età, al sesso o alla professione). Nel caso della segmentazione dei prodotti, ad esempio, è possibile effettuare una categorizzazione con l'aiuto dei dati di bilancio annuali.

La creazione di vantaggi competitivi e la prevenzione di effetti di sostituzione sono tra gli obiettivi più importanti della segmentazione del mercato. Nel processo di segmentazione, l'azienda può ancora una volta identificarsi con precisione e creare una demarcazione dal mercato complessivo da considerare. Inoltre, è necessario determinare i sottomercati e scoprire le possibili lacune del mercato.

# Marketing
# Sviluppare
# strategie e piani

## ANALISI DELLA SITUAZIONE INIZIALE

Prima di pianificare e creare una strategia di marketing, è necessario effettuare un'analisi dettagliata della situazione attuale. Gli obiettivi più importanti sono la determinazione delle condizioni e dei cambiamenti, ma anche il riconoscimento delle opportunità e dei rischi. Per un'azienda che vuole operare con successo sul mercato, è fondamentale essere ben informata sulle condizioni attuali del mercato e sulla situazione economica generale.

Anche la percezione tempestiva dei cambiamenti è di importanza centrale, per poter reagire rapidamente e sfruttare le opportunità emergenti ed evitare i rischi.

La linea di base strategica viene solitamente intrapresa nelle seguenti due grandi aree:

- Analisi dell'ambiente (situazione del mercato, esigenze dei clienti)
- Analisi della situazione aziendale.

## Ambiente

L'analisi dei fattori globali, ossia del macroambiente, comprende l'analisi degli sviluppi attuali e futuri nelle aree dell'economia generale, della politica, della società, della tecnologia e della legge.

L'uso sempre più frequente degli smartphone, ad esempio, è una tendenza di particolare importanza per molti settori e dovrebbe essere monitorata attentamente. Gli sviluppi tecnologici e sociali, in fin dei conti, possono essere di grande importanza per molte aziende, in quanto si presentano molte opportunità. Tuttavia, ciò richiede che l'azienda tenga d'occhio il mercato, in modo che non si creino svantaggi competitivi.

Ad esempio, il grande produttore di elettronica Siemens ha perso lo sviluppo di fotocamere, display a colori e touch all'epoca, non ha potuto competere in

questo mercato da quel momento in poi e ha dovuto
venderlo.

## Situazione del mercato

Come suggerisce il termine tecnico, l'analisi della
situazione di mercato è molto più specifica del mercato
di riferimento. Le caratteristiche di base di questo
mercato, come la crescita del mercato, sono essenziali
in questo contesto. Ma anche i possibili cambiamenti
nelle esigenze dei clienti e nel loro comportamento
sono significativi, perché vengono esaminati tutti i
clienti del mercato rilevante, non solo quelli esistenti.
Infine, è importante menzionare i concorrenti, perché
è fondamentale sapere chi sono esattamente e quali
sono i loro obiettivi e le loro strategie.

Uno strumento popolare per l'analisi del mercato
è l'analisi della struttura industriale di Porter, che
analizza l'attrattiva di un settore attraverso 5 forze
competitive e fornisce informazioni sulle
caratteristiche strutturali di un determinato settore.

Anche l'analisi della concorrenza è importante.
Qui si determinano i punti di forza e di debolezza dei
concorrenti diretti e indiretti rispetto alla propria
azienda. L'obiettivo è definire i vantaggi competitivi.

Altri modi per analizzare il settore includono una
valutazione delle dimensioni del mercato, delle sue

opportunità di crescita e della fase attuale del ciclo di vita del settore. L'ambiente più ampio può essere esaminato più da vicino con la cosiddetta analisi STEP. L'analisi STEP descrive gli attuali sviluppi dell'ambiente macroeconomico attraverso 4 dimensioni:

- Influenze socio-culturali
- Influenze economiche
- Influenze tecnologiche
- Influenze politico-regolamentari.

*Esigenze del cliente*

Oltre agli sviluppi dell'ambiente più ampio e della struttura del settore, è molto importante concentrarsi sulle tendenze del settore stesso. Occorre identificare i requisiti del mercato e discutere le esigenze dei clienti. Senza clienti, un'azienda non può sopravvivere, per cui è essenziale concentrarsi sul lato della domanda e costruire la propria azienda in modo centrato sul cliente.

Con il cosiddetto modello delle fasi di vita, si possono ricavare ed esaminare le prime aree di clienti con esigenze uguali o simili. Si tratta di un passo essenziale sulla strada della comprensione delle aspettative e dei desideri dei clienti, che aiuta ad agire in modo 'cliente-centrico'.

Pertanto, la centralità del cliente è molto importante anche per la strategia dell'azienda. Nell'ulteriore processo strategico, anche la comprensione delle esigenze dei clienti può essere molto importante, ad esempio se ha senso rendere la struttura organizzativa ancora più orientata al cliente nel contesto dell'attuazione della strategia.

*Modello delle fasi della vita*

Infanzia→ Formazione→ Avvio della carriera → Creare una famiglia→ Affermarsi nella professione→ Consolidarsi nella professione→ Età pensionabile→ Decesso


Un mezzo adeguato per consolidare i risultati più importanti dell'analisi dell'ambiente è il profilo opportunità/minacce. Nel corso successivo, questi possono essere valutati in modo più approfondito, ad esempio in un'analisi SWOT insieme ai risultati dell'analisi aziendale.

Un quadro futuro è un modo eccellente per riassumere le tendenze chiave del mercato. Mostra dove il mercato delle vendite potrebbe andare in un orizzonte temporale definito (ad esempio, 3 o 8 anni). Include dichiarazioni centrali delle rispettive aree di sviluppo (ad esempio, salute o digitalizzazione) e fornisce un riassunto conciso e plausibile della fase di analisi. Questa immagine del futuro costituisce ora il quadro per il successivo processo strategico.

**Caso d'uso:** preparazione di un quadro del futuro con le tendenze per il mercato sanitario svizzero

Una grande compagnia di assicurazioni ha deciso di sviluppare un processo di strategia. Nell'ambito dell'analisi della situazione iniziale, è stato elaborato un quadro del futuro. Esistevano già alcuni frammenti dell'analisi dell'ambiente, provenienti da fonti interne ed esterne.

La prima cosa da fare è stata quella di riunirli. I seguenti fattori hanno avuto un ruolo nel nostro esempio per il mercato della salute in Svizzera:

- assistenza sanitaria personalizzata
- crescente specializzazione
- Esigenze dei clienti
- Digitalizzazione
- aumento della regolamentazione.

Nella seconda fase, è stato necessario trovare e completare i componenti mancanti, per i quali è stato avviato un workshop. Qui, gli elementi della visione futura sono stati discussi e adattati dal team strategico.

Con il quadro del futuro ormai completo, tutti i partecipanti si sono trovati d'accordo su quali tendenze e cambiamenti di mercato saranno importanti per la compagnia assicurativa. Per tutte le fasi successive dello sviluppo della strategia, è ora essenziale concentrarsi sugli sviluppi più importanti, dal momento che il quadro del futuro fornisce già una documentazione dettagliata degli sviluppi dell'ambiente aziendale.

Infine, dall'immagine del futuro sono stati ricavati 10 prerequisiti strategici, che a loro volta hanno mostrato quali sono le necessità di azione che l'azienda dovrà affrontare nei prossimi anni. Inoltre, sono state fatte delle ipotesi sul modello di business futuro:

**Mercato delle vendite: il** mercato dell'assistenza sanitaria è fortemente influenzato dal consolidamento nel settore ospedaliero e dalle nuove offerte e idee commerciali nel settore ambulatoriale.

**Le esigenze dei clienti:** Le richieste e i desideri dei clienti differiscono in base alla fase della vita, all'appartenenza a un gruppo e ad altri fattori.

**Ambiente:** **la** crescente consapevolezza ambientale significa che le soluzioni di prodotto sostenibili ed ecologiche stanno diventando sempre più popolari in quasi tutti i settori.

## Situazione aziendale

Questa analisi interna dell'azienda si svolge nella seconda fase dell'analisi iniziale. A differenza dell'analisi dell'ambiente, le caratteristiche interne dell'azienda devono essere esaminate e valutate da vicino. L'obiettivo è identificare i punti di forza e di debolezza. L'applicazione di vari metodi, come la considerazione dei cicli di vita dei prodotti, l'analisi SWOT o il benchmarking è essenziale anche in questo caso per una valutazione realistica.

### *Analisi delle competenze e delle risorse*

Una valutazione delle competenze o delle capacità aziendali rivela dove si trovano i rispettivi punti di forza e di debolezza. È sempre legata alla funzione e dovrebbe mostrare esattamente le capacità che sono di importanza centrale per il rispettivo modello aziendale.

L'analisi delle risorse, invece, non è legata alla funzione e si basa sulle seguenti 4 caratteristiche:

• Non limitabilità

• Non sostituibilità

• Specificità aziendale

• Capacità di fornire valore al cliente.


In questo caso è particolarmente importante definire le cosiddette competenze chiave, poiché le competenze e le risorse strategicamente rilevanti svolgono un ruolo centrale per un'azienda. Le competenze chiave creano le seguenti basi:

• Contribuiscono in modo significativo al beneficio del cliente.

• Sono individuali e difficili da imitare.

• Possono essere trasferiti a nuovi mercati di vendita e prodotti.

*Analisi della propria competitività*

Ora ripensiamo all'analisi dell'ambiente. Qui abbiamo già analizzato la situazione del mercato con l'ambiente competitivo. Ora - nell'ambito dell'analisi aziendale - è il momento di esaminare attentamente la sua competitività, confrontando i suoi punti di forza e di debolezza con quelli delle aziende concorrenti . Le seguenti domande possono essere d'aiuto:

• La mia organizzazione ha dei punti di forza che possono costituire delle barriere all'ingresso o dei punti di debolezza che riducono l'efficacia di queste barriere?

• Quali punti di forza e di debolezza influenzano la mia posizione negoziale con clienti e fornitori?

• Quali sono i punti di forza e di debolezza delle dimensioni della mia azienda rispetto alla concorrenza?

### Analisi del ciclo di vita del prodotto

Ci sono due modi in cui il ciclo di vita del prodotto può essere considerato per l'analisi strategica del business:

• Politica dei prodotti e dei programmi

• Esigenze delle aree funzionali.

L'analisi del ciclo di vita del prodotto serve a determinare e discutere la composizione e la struttura ottimale dell'assortimento.

Le singole fasi del ciclo di vita del prodotto richiedono composizioni diverse nelle aree funzionali. Pertanto, questo concetto ci fornisce vari indizi per le questioni specifiche della fase che riguardano l'introduzione, la crescita, la maturità, la saturazione e l'eventuale ulteriore sviluppo di un prodotto.

### Analisi della struttura aziendale

Anche la revisione della struttura aziendale è un punto

essenziale. A seconda della/e strategia/e determinata/e nel successivo processo strategico, le modifiche della struttura organizzativa possono diventare importanti. Pertanto, i vantaggi, gli svantaggi e i punti dolenti della struttura attuale devono essere considerati già nella fase di analisi.

## Analisi della cultura aziendale

Questa analisi rivela i valori essenziali alla base del comportamento dell'azienda e dei suoi dipendenti e risponde a domande che saranno essenziali in seguito nel processo strategico (ad esempio, se un'opzione strategica può essere compatibile con la cultura organizzativa).

Tutti i risultati dell'analisi aziendale sono inclusi in un cosiddetto profilo di punti di forza e di debolezza e dovrebbero quindi essere esaminati in modo più dettagliato come parte di un'analisi SWOT insieme ai risultati dell'analisi dell'ambiente.

L'analisi dell'azienda e i risultati dell'analisi dell'ambiente costituiscono ora una base per ulteriori considerazioni sulla strategia.

## SELEZIONE DI STRATEGIE ADEGUATE

Sulla base dell'analisi della situazione iniziale, è ora possibile rispondere alle seguenti domande chiave:

> - **Cosa?** Quali obiettivi strategici vengono perseguiti?
> - **Con chi?** Chi sono i miei gruppi target?
> - **Fino a quando?**

In dettaglio, queste domande possono essere formulate come segue:

• Quali sono le priorità rispetto alle diverse aree di mercato? Soprattutto con un budget elevato, ha senso esaminare attentamente quali sono le sottoaree su cui vuole concentrarsi.

• Quale percentuale delle risorse di marketing esistenti dovrebbe essere destinata ai clienti esistenti e quale ai nuovi clienti?

• Quali obiettivi devono essere raggiunti entro quando? Criteri come l'immagine aziendale, la soddisfazione dei clienti o i servizi offerti giocano un ruolo importante.

• Quali sono i tempi per raggiungere gli obiettivi di successo del mercato (ad esempio, il numero di clienti o la frequenza media di acquisto)?

• Quali obiettivi di marketing economico sono importanti per noi e devono essere realizzati (fatturato e profitto)?

Queste domande strategiche di base sul posizionamento dell'azienda nell'ambiente competitivo e sui vantaggi per i clienti possono essere poste durante il processo di selezione della strategia:

• **Quale vantaggio può offrire la nostra azienda a coloro che lo richiedono?** A questo proposito, occorre distinguere tra il beneficio di base e il beneficio aggiuntivo: Il beneficio di base contiene l'aspetto centrale della prestazione che ci si aspetta, ad esempio la funzione di trasporto di un'automobile. Il beneficio aggiuntivo è complementare e particolarmente importante nell'area dei prodotti simili della concorrenza. In questo caso, i pubblicitari cercano spesso di creare un beneficio psicologico aggiuntivo e di far apparire il prodotto desiderabile, ad esempio l'aspetto particolarmente bello dell'auto o il guadagno di prestigio previsto.

Altri tipi di benefici sono, ad esempio, quelli economici (prezzo favorevole, utile per il risparmio), quelli legati al processo (semplicità di acquisizione e di utilizzo, facilità di comprensione, gestione semplice, assenza di tempi di attesa, ecc.), quelli emotivi/sociali (tendenze, promesse, conoscenza del settore, ecc.)


• **Quali sono i vantaggi rispetto alla concorrenza che la nostra organizzazione cerca di ottenere?**
Questa domanda è essenziale per il perseguimento di una strategia competitiva.
Si tratta di una parte della strategia di marketing e si

occupa del comportamento strategico legato al cliente nel mercato di vendita. Le strategie competitive più comunemente perseguite sono la leadership di costo (ossia i prezzi più bassi del settore), la differenziazione (ad esempio, ottime relazioni con i clienti, prodotti migliori, ecc.) e la strategia di nicchia (specializzazione in una nicchia in cui non c'è concorrenza). In breve, l'organizzazione si distingue grazie ad una prestazione speciale) e la strategia di nicchia (specializzazione in una nicchia in cui c'è solo un numero relativamente piccolo di clienti, ma che spesso è molto esigente; questa è la strada intrapresa, ad esempio, dal produttore di auto sportive Porsche).

## Questioni di strategia per l'orientamento all'innovazione

Quale livello di orientamento all'innovazione vogliamo raggiungere nella nostra organizzazione? A questo proposito, esistono i seguenti tipi di strategia:

• **Difensore:** l'orientamento all'innovazione è basso, questo si verifica spesso con le strategie di nicchia.

• **Analizzatore:** L'orientamento all'innovazione è medio e la disponibilità ad assumere rischi non è particolarmente elevata. D'altra parte, le opportunità di successo vengono analizzate con attenzione.

• **Prospector:** l'orientamento all'innovazione è

elevato. C'è una ricerca continua e attiva di nuove opportunità. La disponibilità associata ad assumere rischi è elevata.

In che misura è necessario stabilire dei punti focali per lo sviluppo di nuovi prodotti e l'apertura di nuovi mercati? Esistono 4 tipi di strategia per questo:

• **Penetrazione del mercato:** Il grado di innovazione è basso. L'organizzazione si concentra sui prodotti esistenti nei mercati sviluppati. Tuttavia, l'opportunità di innovazione esiste ancora.

• **Sviluppo del prodotto:** nuovo sviluppo, revisione o ulteriore sviluppo dei prodotti offerti nei mercati già esistenti. Anche l'aggiunta di servizi ai prodotti (benefici aggiuntivi) deve essere considerata come parte di questo. In questo modo, l'attuale gamma di servizi può essere ampliata (espansione della gamma di prodotti) o addirittura sostituita (sostituzione del prodotto).

• **Sviluppo del mercato: i** prodotti esistenti devono essere distribuiti in un nuovo mercato di vendita. Ciò può significare aree geografiche, altri canali di distribuzione o nuovi gruppi target.

• **Diversificazione:** **il** grado di innovazione è massimo in questo caso, ossia i prodotti di nuova concezione vengono offerti in mercati che non sono stati affrontati in precedenza.

## Problemi di strategia per la gestione delle relazioni con i clienti

Come può l'azienda garantire la fedeltà dei suoi clienti? Bisogna fare una distinzione:

• **Legami contrattuali:** Il cliente è legato all'azienda da un contratto. Questo avviene spesso per un periodo di tempo determinato o sulla base di specifiche di quantità.

• **Legame tecnico-funzionale:** un determinato prodotto può essere utilizzato solo con un altro prodotto dell'azienda in questione (ad esempio, Nespresso può essere realizzato solo con la macchina da caffè progettata per esso).

• **Attaccamento psicologico:** Questo include fattori come la soddisfazione del cliente, determinate abitudini o la fedeltà ad un marchio (ad esempio, la famiglia ha sempre guidato una VW). Il legame psicologico di un cliente può essere rafforzato o promosso dalle seguenti misure: un servizio clienti buono e veloce, una gestione accomodante dei reclami, offerte speciali individuali, programmi bonus, sconti quantità e fedeltà, ecc.

• **Impegno economico:** Può trattarsi, ad esempio, di una ricompensa offerta al cliente o del fatto che cambiare sarebbe antieconomico per il cliente. Un buon esempio è la tariffa forfettaria mensile negli studi di fitness.

Come si può sostenere l'acquisto di grandi quantità o evitare l'acquisto di piccole quantità? Una possibilità è l'utilizzo di supplementi per piccole quantità, cioè per ordini piccoli il supplemento deve essere fissato in modo tale da coprire i costi del materiale e garantire un profitto minimo.

**Questioni di strategia sul comportamento competitivo e cooperativo:**

• **Comportamento competitivo minaccioso:** Nella politica dei prezzi, questo include, ad esempio, una politica di prezzi bassi senza promesse e fortemente pubblicizzata. Nella politica di comunicazione, un'elevata spesa pubblicitaria porta ad un'ampia portata e quindi ad un gran numero di clienti. Ciò rappresenta un'elevata barriera all'ingresso nel mercato. Nella politica di distribuzione, un forte controllo dei canali di vendita è considerato un comportamento competitivo minaccioso. Nella politica di prodotto, un ampio portafoglio di prodotti significa un maggiore sforzo per gli imitatori. Infine, ma non per questo meno importante, occorre affrontare la gestione delle relazioni con i clienti: In questo caso, la deterrenza per i concorrenti può essere ottenuta attraverso l'esistenza di un livello di fedeltà molto elevato.

• **Comportamento cooperativo:** Ad esempio, un'azienda può creare insieme ad un concorrente determinati gap di ingresso nel mercato per ulteriori concorrenti. Un'altra possibilità è quella di creare un accesso reciproco al know-how e a ulteriori risorse (rapporti di esperienza, opzioni pubblicitarie, relazioni).

• Le sinergie di vendita fanno anche parte del comportamento cooperativo, che comprende, ad esempio, l'intermediazione con commissioni o il cosiddetto cross-selling (ossia lo sfruttamento di una relazione con il cliente esistente per vendere prodotti o servizi complementari). Questi tipi di cooperazione con aziende concorrenti possono essere molto vantaggiosi, soprattutto se il budget è ridotto.

**Domande di strategia sulla struttura di base del marketing mix:**
• In che misura i singoli segmenti di clienti dovrebbero essere differenziati nell'elaborazione?

• L'elaborazione dei clienti deve essere standardizzata o specifica del segmento?

• Quale posizionamento di prezzo (prezzo basso, prezzo medio, prezzo alto) si dovrebbe adottare? Le aziende che vogliono entrare in un nuovo mercato spesso puntano temporaneamente a un rapporto prezzo-prestazioni straordinariamente favorevole.

• A quanto dovrebbe ammontare il budget di marketing e come dovrebbe essere distribuito tra i singoli strumenti di marketing?

Per riassumere le considerazioni sulla strategia, la strategia selezionata deve sempre soddisfare i seguenti 4 criteri:

• È essenziale che la strategia di marketing sia compatibile con la strategia aziendale e che non sorgano contraddizioni tra misure e obiettivi.

• La strategia ha bisogno di informazioni sufficienti come base.

• Il contenuto della strategia di marketing deve essere accurato e appropriato.

• La fattibilità deve essere realistica rispetto ai mezzi disponibili e alle possibili controreazioni della concorrenza.

**Esempio dalla pratica**

L'esempio seguente mostra come potrebbe apparire nella pratica lo sviluppo di una strategia di marketing olistica e di successo:

Un'azienda di recente fondazione vende abbigliamento per l'outdoor e il tempo libero secondo il proprio design. L'azienda vende sia nei negozi di una piccola città che tramite il suo negozio online. Le vendite vengono effettuate sia nei negozi al dettaglio di una piccola città, sia tramite il negozio online dell'azienda. La creazione di una strategia di marketing potrebbe ora apparire come segue:

*Analisi SWOT della situazione iniziale*

• Non ci sono negozi nelle vicinanze che abbiano prodotti simili nel loro assortimento (= opportunità).

• C'è molta concorrenza (= rischio) nel commercio online.

• Un punto di forza individuale è il design proprio (= forza).

• Non c'è ancora una clientela (= debolezza).

*Obiettivo*

• È necessario costruire una base di clienti sia nel commercio fisso che in quello online (i numeri di clienti devono essere definiti come valori obiettivo).

• Il marchio deve essere stabilito.

• È necessario pianificare il fatturato del primo anno di attività.

*Il processo decisionale per le diverse misure*

• È necessario sviluppare un design aziendale (definizione dei colori aziendali, sviluppo di un logo, definizione delle immagini, ecc.)

• Ci sarà una campagna di voucher per la nuova apertura (sia online che tramite volantini distribuiti a livello regionale).

• Un evento sportivo sarà sponsorizzato in città.

• Deve essere lanciato un blog sul tema delle attività all'aperto. I testi utilizzati devono essere preparati in conformità con il SEO e deve essere presente un link per la registrazione alla newsletter come parte dell'e-mail marketing.

• Si deve creare una comunità sulle piattaforme di social media (Facebook, Instagram, ecc.).

• Si stanno pianificando cooperazioni di affiliazione nel settore outdoor.

## Misurare il successo

• Lo sviluppo del numero di clienti deve essere costantemente monitorato, anche in relazione alle singole strategie di marketing.

• Entrambi i canali di vendita necessitano di un monitoraggio costante (online e offline).

• Nel contesto del controllo dei costi, si dovrebbe discutere quali strategie di marketing sono redditizie e quali no.

# SUGGERIMENTI PER UNA STRATEGIA DI MARKETING EFFICACE

Naturalmente, una scelta saggia e il collegamento di diverse sotto-strategie sono importanti per il successo del marketing in azienda. Tuttavia, ci sono anche altri aspetti che entrano in gioco. Quindi, presti particolare attenzione a questi punti:

**Tenga sempre presente il suo gruppo target**
Pensi alla migliore strategia di marketing per raggiungere i suoi clienti. Ad esempio, una clientela eterogenea in un mercato altamente competitivo può essere affrontata al meglio con il guerrilla o l'event marketing. Le diverse misure di marketing online, invece, sono più adatte a gruppi target molto inclini a Internet e allo shopping online.

**Rifletta sulla misurazione delle prestazioni**
È possibile misurare il successo di una strategia di marketing solo attraverso un controllo di successo ricorrente. Solo allora si capirà se le misure applicate sono state utili o se sarebbe meglio investire in altri metodi. Un vantaggio del marketing online è che la misurazione del successo può essere supportata da

strumenti adeguati.

## Combinare strategie online e offline

Una buona integrazione di strategie di marketing online e offline può dare i suoi frutti. Ad esempio, se si svolge un open day, questo dovrebbe essere condiviso sui social media. In questo modo si combina il marketing degli eventi con il social media marketing.

## Utilizzi un sistema CRM

CRM è l'acronimo di Customer Relationship Management ed è un software per la gestione e la mappatura dei clienti. Aiuta le aziende a tenere traccia delle loro relazioni con i clienti e apre la strada a un servizio migliore e a strategie di marketing personalizzate.

## Includere le risorse esistenti

Ogni strategia di marketing ha costi diversi. Pertanto, al momento della pianificazione, deve considerare quali risorse sono già disponibili e come possono essere utilizzate in modo efficiente e redditizio.

## Riveda regolarmente la sua strategia e la aggiusti se necessario

Le aziende e i mercati di vendita sono soggetti a uno sviluppo costante. Pertanto, è importante rivedere regolarmente la strategia di marketing applicata e apportare le modifiche necessarie.

**Importante!** Una strategia di marketing sarà interessante per la sua clientela solo se è in grado di offrire un valore aggiunto. Può trattarsi di cose diverse, come informazioni, intrattenimento o senso di comunità.

# Creare la fedeltà del cliente

## I FONDAMENTI DELLA COSTRUZIONE DEL MARCHIO

Impegnativo ed entusiasmante allo stesso tempo: questo è probabilmente il modo migliore per descrivere il tema della costruzione del marchio nel contesto del brand management. La sfida non è da poco, ma con una struttura di base ben ponderata, processi ottimali, la disponibilità delle risorse necessarie e la considerazione di procedure e fattori di successo comprovati, la costruzione di un marchio di successo può essere raggiunta da aziende di qualsiasi dimensione.

## Cosa si intende per brand building?

La costruzione di un marchio è composta dalla pianificazione, dall'organizzazione, dall'implementazione e dal controllo di tutte le misure pertinenti di un'azienda con l'obiettivo di creare un'immagine emotiva chiaramente differenziata del cliente associata a un'azienda o a un prodotto.

La costruzione del marchio non è la stessa cosa della pubblicità o della distribuzione. La costruzione di un marchio è molto più importante della pubblicità o della distribuzione. Per quanto riguarda quest'ultima, va addirittura detto che molti marchi sono già stati distrutti dal personale di vendita o dai direttori commerciali, perché troppi sconti o riduzioni di prezzo significano la morte di un marchio consolidato e collaudato. Naturalmente, un marchio ha bisogno anche di media, di moltiplicatori e di una comunicazione strutturata con i clienti, ma soprattutto nel settore B2B, la pubblicità è ben lontana dall'essere tutto.

Visione, impegno, implementazione: tre caratteristiche centrali della costruzione di un marchio. Per sviluppare un marchio è necessaria una visione chiara. Solo allora i dipendenti possono essere coinvolti e si possono utilizzare gli strumenti appropriati. Per questo motivo, è essenziale ancorare il pensiero del marchio nella direzione, perché è qui che nascono le visioni e le strategie. Successivamente, è necessario rivolgersi ai dipendenti, affinché sostengano la visione del marchio e siano in grado di costruire un impegno complessivo. Nella terza fase, si possono selezionare i canali di comunicazione e distribuzione adatti per costruire e affermare ulteriormente il marchio.

## Perché la costruzione del marchio è così importante?

I marchi hanno un vantaggio fondamentale, sia per i loro proprietari che per le aziende: Come **strumento di comunicazione, sono** importanti per il funzionamento efficiente di un'azienda, sia per il marketing interno che per quello esterno.

I marchi sono un **motore della redditività**: diversi studi scientifici dimostrano che il valore del marchio (reputazione) ottenuto attraverso la comunicazione di massa ha un'influenza particolarmente positiva sulla redditività delle aziende studiate.

In conclusione, si può affermare che il valore dell'azienda può essere aumentato con l'aiuto di un marchio.

Ma i marchi creano anche **identità**. Sono adattati e hanno una funzione di creazione di identità per i clienti o i gruppi sociali. Con l'aiuto del marchio, i clienti possono differenziarsi o dimostrare un senso di appartenenza attraverso l'uso del marchio. Si tratta di una funzione sociale che può essere realizzata attraverso l'emozionalizzazione di un marchio.

**I marchi contribuiscono all'identificazione.** Nei mercati competitivi, dove le persone sono spesso sopraffatte dalla varietà di prodotti offerti, possono essere un faro e fornire un orientamento. Il marchio offre un valore di riconoscimento, crea fiducia e quindi facilita la decisione di acquisto del cliente. Questo principio si applica sia al marketing aziendale (B2B) che al marketing dei consumatori (B2C).

**I marchi promettono qualità.** Un marchio contiene sempre una dichiarazione verbale o non verbale sulla qualità del prodotto. Per questo motivo, è estremamente importante discutere la comprensione della qualità da parte dell'azienda prima di creare il marchio. Quali promesse vogliamo fare con il nostro marchio? Quali aspettative dei clienti devono essere soddisfatte con i nostri prodotti e servizi e quali no?

**I marchi sono basi di innovazione. Per** i marchi forti e affermati è molto più facile introdurre innovazioni nel mercato. I marchi già esistenti hanno il vantaggio del beneficio del dubbio e del panorama innovativo esistente. Di conseguenza, le innovazioni di prodotto possono essere introdotte con uno sforzo significativamente minore e incontrando una situazione di mercato preparata.

**I marchi ancorano la fedeltà dei clienti**
I marchi offrono l'opportunità di legare i clienti a un'azienda a lungo termine. I clienti che hanno trovato la strada verso un marchio e che restano per essere soddisfatti sono redditizi per l'organizzazione e assicurano il modello di business. Questo aumenta il valore del cliente e, a lungo termine, il valore dell'azienda. Sebbene all'inizio siano necessari grandi investimenti per costruire un marchio, questi si ripagano se il marchio è gestito correttamente, in modo che i ritorni del marchio superino di gran lunga gli investimenti iniziali.

**I marchi significano potere contrattuale**
Nelle trattative, i marchi forti possono ottenere vantaggi competitivi e fornire entrate aggiuntive.

**Quando è il momento giusto per iniziare a costruire un marchio?**
Un marchio non si costruisce di getto. Il fatto che

necessiti di un concetto ben studiato e di un'implementazione sensata è già stato spiegato in dettaglio. Tuttavia, ci sono tre diversi punti di partenza per determinare quando è il momento giusto:

**Start-up: Ovviamente è ovvio che** come start-up deve pensare a come costruire i suoi marchi. Ma è davvero così? Soprattutto nella fase di avvio, la varietà di compiti, l'incertezza generale all'inizio, la situazione delle vendite e la pressione finanziaria possono essere eccessive. Spesso le domande sulla gestione del marchio passano in secondo piano. Tuttavia, è necessario chiarire alcune questioni importanti, soprattutto in questa delicata fase iniziale:

• Cosa dovrebbe rappresentare il nostro marchio?

• Quali prestazioni e vantaggi promettiamo?

• Quale gruppo target è interessante?

• Qual è il nostro valore di riconoscimento?

È consigliabile ottenere un supporto esterno per questo. Anche se il margine finanziario è limitato nella fase di avvio, un consulente del marchio può fornire un'ottima assistenza in questo processo e quindi abbreviare la curva di apprendimento.

**Lancio del prodotto**

Nella gestione dei prodotti, c'è spesso il desiderio di far risaltare un prodotto e di specificarlo nel contesto generale dell'azienda. In questo contesto, ha particolarmente senso pensare alla profilazione di un marchio ogni volta che vengono introdotte innovazioni di prodotto che sono al limite della curva delle prestazioni. Nell'era della trasformazione digitale, molte aziende stanno cambiando direzione e si stanno avventurando in nuove aree commerciali e mercati di vendita. Se opportuno, la creazione di un marchio può fornire l'accesso a nuovi clienti potenziali, a ulteriori contatti o a nuove aree commerciali. La decisione di lanciare solo un nuovo prodotto o un intero marchio non è facile. Le alternative che vengono prese in considerazione dovrebbero essere esplorate con un aiuto esterno, poiché spesso solo un partner professionale esterno ha la distanza necessaria per poter valutare razionalmente una decisione così elementare.

**Da produttore di prodotti ad azienda di marca**

Soprattutto nel settore B2B, l'evoluzione da un puro produttore di prodotti a un'azienda orientata alla vendita e poi a un'azienda di marca avviene spesso dopo qualche tempo. Soprattutto in tempi di digitalizzazione, molte aziende devono pensare a come differenziarsi dalla concorrenza e allontanarsi dalla pura considerazione dei prodotti.

La trasformazione in azienda di marca può quindi essere un elemento di differenziazione e aprire nuove opportunità. Non è quindi solo la produzione e il prodotto che ne deriva a essere al centro dell'attenzione, ma anche l'interesse dei clienti. Consideri la prospettiva del cliente come un approccio risolutivo. Questo, combinato con il posizionamento come esperto nel settore pertinente, offre grandi opportunità di crescita e migliori opportunità di guadagno rispetto alla focalizzazione puramente sul prodotto. Le aziende B2B dovrebbero cercare un supporto esterno in questa trasformazione, per imparare a vedere i confini nella pratica e i nuovi modi di pensare.

# QUALI SONO I PASSI PIÙ IMPORTANTI NELLA COSTRUZIONE DI UN MARCHIO?

Per garantire che il branding sia strutturato, è necessario applicare la seguente procedura:

**Analisi dell'attuale posizionamento del marchio**
Un passo fondamentale nel processo di costruzione del marchio è la valutazione e l'analisi del posizionamento sul mercato. C'è sempre una sensazione o una percezione esistente nell'azienda e tra i dipendenti circa la posizione del marchio.

Tuttavia, questa auto-percezione può differire dalla percezione esterna di un'azienda, perché aree come l'amministrazione, le vendite, il marketing e la produzione hanno spesso visioni molto diverse della posizione dell'azienda e del suo marchio. Purtroppo, non esistono studi o rapporti ben fondati sulla percezione esterna nella pratica. Molte aziende del settore B2B non dispongono di un approccio affidabile alla centralità del cliente e quindi di informazioni sul loro attuale posizionamento sul mercato.

## Analisi del mercato di vendita e della situazione competitiva

In quale mercato stiamo operando? Chi è la mia concorrenza? Quale approccio avranno i clienti con i prodotti e le soluzioni in futuro? Poiché la visione esterna è una circostanza impegnativa, soprattutto in un contesto internazionale, vale la pena consultare un partner esterno o una società di consulenza, in modo da garantire una visione obiettiva. Soprattutto, le domande sulla posizione competitiva rilevante e sulle esigenze dei clienti dovrebbero essere affrontate con un'analisi di mercato. Naturalmente, è anche possibile attingere ai risultati dell'analisi di mercato effettuata come parte dello sviluppo di una strategia di marketing - a condizione che siano vicini nel tempo.

## Analisi delle strutture dei clienti

L'identificazione precisa delle strutture dei clienti potenziali è un passo altrettanto significativo nella costruzione del marchio. È nel potere di un marchio raggiungere il gruppo target pertinente, generare un'interazione e, in ultima analisi, guidare le vendite con esso. All'interno di questa base di clienti, i marchi aiutano a identificare un profilo, a differenziarsi e a trovare la propria posizione con i clienti.

Naturalmente, non tutti i marchi sono fatti per tutti. Pertanto, ha senso utilizzare i customer insights per avvicinarsi ai clienti e vedere quali sono i loro desideri e le loro esigenze in relazione all'area del prodotto e all'ambiente del marchio. Senza questi customer insights, non è possibile costruire un marchio efficiente.

## Costruire il posizionamento del marchio

Sulla base dell'analisi del mercato e della struttura del cliente, è ora il momento di sviluppare il posizionamento del marchio. Questo deve indicare il modo in cui l'azienda o il marchio devono agire nell'ambiente dei clienti, della concorrenza e dei vari requisiti di performance attuali e futuri. Il posizionamento del marchio deve generare un valore aggiunto per l'azienda e i suoi clienti.

## Quadro giuridico

Quando si crea un marchio in modo sensato e impeccabile, bisogna anche fare attenzione a garantire che sia protetto in modo ottimale dal punto di vista legale. Esistono diversi approcci: Un marchio può essere protetto come marchio denominativo o come marchio denominativo-immagine.

La protezione del marchio verbale è la più grande possibile, perché protegge qualsiasi ortografia, carattere, dimensione del carattere, maiuscole o minuscole. Tuttavia, spesso purtroppo non è possibile ottenere la protezione del marchio denominativo. Ciò accade soprattutto se il nome del marchio contiene parole colloquiali che non sono registrabili.

Un marchio parola-immagine, invece, è legato a un disegno grafico specifico. Ciò significa che quando si valuta il rischio di confusione con altri marchi, non viene preso in considerazione solo l'elemento parola, ma anche gli elementi grafici utilizzati. Di conseguenza, può accadere che un marchio già esistente venga violato perché vengono utilizzati gli stessi caratteri o una grafica simile. Un marchio viene generalmente registrato presso l'Ufficio Marchi e Brevetti di Monaco. Se il marchio deve essere protetto in tutta Europa, viene registrato presso l'Ufficio europeo dei marchi e brevetti di Alicante, in Spagna.

# LA CURVA DI DOMANDA E OFFERTA

Per poter costruire un'offerta di mercato, sono necessarie alcune nozioni di base sulla conoscenza della domanda e dell'offerta. Qui esamineremo la curva di domanda e offerta e conosceremo la relazione matematica tra offerta, domanda e prezzo.

## Curva di offerta

L'offerta descrive la quantità di un bene offerto in vendita da diversi venditori sul mercato. La legge dell'offerta afferma che: Se il prezzo aumenta, la quantità offerta aumenta di conseguenza e viceversa.

La relazione positiva tra quantità e prezzo viene trasferita dalla funzione di offerta in una formula matematica. La curva di offerta mostra poi la relazione matematica graficamente in un diagramma prezzo-quantità, dal quale si può leggere quale prezzo ha un prodotto per una determinata quantità di offerta.

**Importante! La** somma di tutte le quantità offerte in un mercato di vendita viene definita offerta aggregata del mercato.

Un buon esempio è il mercato del pesce. Supponiamo che ci siano solo 2 bancarelle, ognuna delle quali vende 4 pesci. Se le influenze esterne cambiano questa situazione di mercato, ad esempio a causa della diminuzione delle scorte di pesce, l'offerta cambia indipendentemente dal prezzo di vendita. Questo aumenta o diminuisce l'offerta e provoca uno spostamento della curva complessiva verso destra o verso sinistra.

In combinazione con la funzione di domanda, si determina l'equilibrio del mercato.

In linea di principio, si presume che il prezzo da solo determini la quantità di offerta. Tuttavia, è anche possibile che l'offerta venga ridotta o aumentata da uno sviluppo della situazione di mercato. Ma cosa causa esattamente questo cambiamento nella quantità di offerta, se non il prezzo? Quindi devono essere i fattori esterni a modificare la situazione di mercato. Ci sono 5 fattori che possono spostare la curva dell'offerta. In questo caso, un aumento dell'offerta porta a uno spostamento verso destra, mentre una diminuzione porta a uno spostamento verso sinistra.

Anche il prezzo dei **fattori di produzione** rilevanti gioca un ruolo importante. Se, ad esempio, il prezzo delle reti da pesca aumenta nell'acquisto, l'offerta diminuisce (spostamento a sinistra). Se, d'altro canto, il prezzo del petrolio greggio diminuisce, è necessario meno denaro per far funzionare le barche da pesca, quindi l'offerta può aumentare (spostamento a destra).

Diamo poi un'occhiata al cambiamento dell'**ambiente competitivo:** Se il numero di concorrenti aumenta, l'offerta generale subirà un incremento. Un aumento improvviso dell'ambiente comporterà quindi un aumento della quantità senza variazioni di prezzo (spostamento a destra). Un'altra situazione ipotizzabile è che molti concorrenti debbano chiudere la loro attività per motivi di insolvenza, in modo che rimangano solo pochi concorrenti. In questo caso, l'offerta si riduce (spostamento a sinistra).

Che ruolo hanno le **tasse e le sovvenzioni** nella situazione dell'offerta? Se la società di pesca è sovvenzionata, ad esempio, ha più denaro a disposizione e può catturare più pesce e portarlo ai clienti sul mercato (spostamento a destra). Se invece l'azienda deve pagare tasse più alte, l'effetto è opposto (spostamento a sinistra).

Che dire di certe **aspettative**? Se si prevede un boom della domanda di pesce, ad esempio perché è considerato molto sano al momento, le persone faranno logicamente tutto il possibile per sfruttare la loro produzione e produrne il più possibile (spostamento a destra). Una cattiva aspettativa per il futuro, invece, comporterà una riduzione del volume di produzione (spostamento a sinistra).

## Curva di domanda

La domanda è l'intenzione dei richiedenti di acquistare un prodotto o un servizio. La legge della domanda dice che il prezzo determina il livello della domanda. Normalmente, una riduzione del prezzo provoca un aumento della domanda: se il prezzo di un cartone di latte è sceso della metà, ad esempio, le persone acquisteranno di conseguenza più latte. Come nel caso della funzione di offerta, la funzione di domanda inserisce questo contesto di prezzo e quantità richiesta in una formula matematica. La curva di domanda è quindi una rappresentazione grafica di questa funzione. Nel punto in cui la curva di domanda si interseca con l'asse delle ascisse, c'è la **saturazione del mercato**, ovvero la quantità richiesta a un prezzo pari a zero. Il **prezzo proibitivo**, invece, descrive un prezzo al quale nessuno acquisterà il prodotto e la quantità richiesta sarà quindi pari a zero.

**Importante!** La somma delle quantità richieste da tutti i partecipanti al mercato è definita come quantità richiesta aggregata.

Esempio: Se 2 amiche vanno a fare la spesa insieme e vogliono acquistare 2 confezioni di latte ciascuna, senza altri clienti nel negozio, la quantità aggregata richiesta è pari a 4. Insieme alla curva di offerta, si possono determinare il prezzo di equilibrio e l'equilibrio del mercato.

### Funzione di domanda inversa

La relazione tra la quantità richiesta e il prezzo è inversa. Il fatto che il prezzo dipenda dalla quantità richiesta è mostrato nella classica curva di domanda. Ad esempio, se vengono acquistate 5 confezioni di latte, il prezzo è di 3 euro. Tuttavia, si può anche riformulare questo concetto: Se il prezzo è di 3 euro, si è disposti ad acquistare 5 confezioni di latte. Questa relazione bidirezionale è equivalente a uno scambio degli assi x e y - con il risultato della funzione di domanda inversa.

*Spostamento della curva di domanda*

La quantità richiesta non dipende sempre e solo dal prezzo. In alcuni casi, la domanda stessa può aumentare o diminuire, in modo del tutto indipendente dal prezzo e solo a causa di vari fattori esterni che determinano un cambiamento nella situazione del mercato.

Questo si chiama spostamento parallelo della curva di domanda. Un aumento della quantità domandata provoca uno spostamento parallelo verso destra.

Ci sono diversi fattori che possono causare uno spostamento della funzione di domanda. Questi possono essere suddivisi in 4 categorie:

• I consumatori cambiano i loro gusti o **preferenze.** Ad esempio, se si può dimostrare che il consumo di pesce contribuisce a migliorare la salute, la domanda di pesce aumenterà (spostamento verso destra).

• Un altro fattore di influenza è il **numero di consumatori**. La crescita costante della popolazione in Cina, ad esempio, porta ad un aumento della domanda aggregata del mercato (spostamento verso destra).

• Il **prezzo di altri beni influenza la** domanda. Qui si fa una distinzione tra complementi e sostituti. Per il muesli, ad esempio, il latte è un bene complementare. Se la domanda di muesli aumenta, è prevedibile che anche la quantità di latte richiesta aumenti (spostamento a destra). Un sostituto del latte può essere il latte di soia, ad esempio. Se il prezzo relativo del latte di soia diminuisce, è probabile che i consumatori acquistino più latte di soia, risparmiando in cambio sul latte vaccino (spostamento a sinistra).

• Da non trascurare è il reddito del cliente. Se il reddito diminuisce mentre il prezzo del prodotto rimane invariato, il consumatore potrà permettersi di meno. Pertanto, la domanda diminuirà (spostamento a sinistra).

# Dalla teoria alla pratica

## I CONSIGLI PRATICI PIÙ IMPORTANTI PER GENERARE PIÙ VENDITE DAL MARKETING

Marketing e vendite. Spesso vengono citati nello stesso modo, il che fa pensare ad un'accoppiata perfetta, proprio come il caffè e la torta. In pratica, però, il rapporto tra i due ricorda più l'acqua e l'olio.

Per molte ragioni diverse, le percezioni dei team di vendita e di marketing possono andare in direzioni molto diverse. Vale la pena di esaminare le cause per poter risolvere questi problemi. I termini dovrebbero essere definiti da entrambe le parti e la posizione del marketing e delle vendite nel percorso del cliente dovrebbe essere chiaramente determinata. Nulla dovrebbe poi ostacolare una cooperazione armoniosa. Dopo tutto, entrambi perseguono l'obiettivo comune di generare più lead (cioè un contatto qualificato con un prospect) e fatturato.

In questo capitolo vogliamo dare 5 suggerimenti che dovrebbero aiutare tutte le aziende a coordinare meglio le loro attività di marketing e di vendita. Essi contengono un mix di approcci filosofici e tecnici che dovrebbero portare a una migliore comprensione dei processi.

**Suggerimento 1: stabilire definizioni comuni.**
Si tratta di una delle maggiori differenze tra il marketing e le vendite e deriva da una comprensione divergente di ciò che è e non è un lead appropriato.

Il marketing spesso guarda troppo alla quantità di lead e meno alla loro qualità, in quanto sente una certa pressione da parte della direzione vendite per proporre il maggior numero possibile di lead qui . Di conseguenza, le vendite si lamentano del fatto che i prospect forniti non soddisfano i requisiti necessari e sono quindi di scarsa qualità. Questo, a sua volta, porta a bassi tassi di chiusura per il personale di vendita. Se, invece, il marketing e le vendite riescono a definire chiaramente in anticipo cosa si intende per lead qualificato, molti problemi di questo tipo possono essere evitati.

Un buon modo può essere una riunione di vendita e di marketing, in cui i termini rilevanti vengono messi in evidenza in collaborazione (ad esempio: lead, lead qualificato e lead altamente qualificato). Ma come si arriva a queste intuizioni? Per farlo, occorre prima raccogliere e convertire le caratteristiche tipiche dei lead. Provi a creare delle liste di controllo che possano essere tracciate in un sistema CRM, ad esempio. Ogni lead deve soddisfare una serie minima di elementi di qualificazione per passare alla fase successiva del ciclo di vendita.

**Suggerimento 2: utilizzare i dati di vendita.**
Una volta raggiunto l'accordo sulla definizione di lead qualificato, sono necessari ulteriori sforzi per migliorare la qualità del lead, al fine di raggiungere un potenziale di chiusura soddisfacente. In un sondaggio condotto dalla B2B Technology Marketing Community, il 61% dei marketer ha citato la scarsa qualità dei lead come il principale ostacolo al successo. L'ostacolo è comprensibile. Dopotutto, oggi i clienti hanno molta più scelta e possono attingere a più fonti di informazioni rispetto al passato.

Naturalmente, questo vantaggio può e deve essere

utilizzato anche dai team di marketing e di vendita. Quindi, iniziate con un mix sano e chiaramente definito di dati demografici (ad esempio, quali sono le principali occupazioni o funzioni degli acquirenti target) e di dati comportamentali (ad esempio, quale campagna pubblicitaria o inserto porta a più conversioni) da includere nel processo di valutazione dei lead. Attribuendo le vendite a una campagna specifica in un sistema di automazione delle vendite, i rapporti possono mostrare quale targeting e quale messaggio di marketing sta fornendo i lead più qualificati. Collegando altre fonti di dati e i social media ai record dei lead, si dispone di un solido processo di qualificazione dei lead. Sia il marketing che le vendite devono essere consapevoli del fatto che la qualità spesso ha un prezzo: meno lead in questo contesto, il che richiede un po' di coraggio. Tuttavia, con un targeting preciso, è anche più facile ed efficiente realizzare gli obiettivi di vendita che sono stati fissati. Alla fine, si tratta di una situazione win-win: la pipeline di vendita viene ripulita e i venditori possono concentrarsi sull'elaborazione dei lead veramente qualificati.

**Suggerimento 3: creare un'integrazione degli strumenti di marketing e di vendita.**

Logico, si direbbe. Purtroppo, però, molte aziende agiscono ancora in modo troppo isolato quando si tratta di fornire e gestire sistemi di marketing e di vendita.

Ad esempio, spesso le liste di registri vengono semplicemente acquistate e bombardate di e-mail. Le risposte vengono poi trasmesse rapidamente alle vendite. Naturalmente, questo semplice percorso può anche portare alle vendite, ma ce n'è uno migliore: Con un sistema integrato di vendite e marketing, il percorso di generazione di lead è molto più differenziato. In questo caso, è possibile utilizzare contemporaneamente diversi prodotti software.

Con l'uso di meccanismi di scoring e di nurturing (cioè indirizzare i prospect con informazioni rilevanti al momento giusto), le aziende possono automatizzare il processo di trasmissione dei lead qualificati al reparto vendite. Ciò consente agli addetti alle vendite di investire tutte le loro energie nei lead che hanno maggiori probabilità di chiudere una vendita.

**Suggerimento 4: realizzare le best practice
(ossia metodi collaudati o esemplari) attraverso
flussi di lavoro ottimali e intelligenti.**

I contatti qualificati possono cadere nel dimenticatoio anche con un sistema integrato di marketing e automazione delle vendite.

Sebbene un metodo di scoring possa innescare automaticamente l'instradamento dei lead alle vendite, è possibile che i lead siano misurati in modo errato dagli strumenti di vendita o che ricevano un trattamento inadeguato da parte del personale di vendita. Se non si vuole che i contatti "caldi" si raffreddino, è necessario tracciare correttamente lo stato dei lead e predisporre dei controlli. Questo è l'unico modo per garantire un follow-up tempestivo da parte del personale di vendita e per anticipare la concorrenza.

Un flusso di lavoro moderno nel processo di inoltro e gestione dei nuovi contatti all'interno di un sistema CRM può già porre rimedio a questo problema. Ad esempio, questo flusso di lavoro può monitorare le varie azioni - o la mancata azione - durante l'inoltro a un rappresentante di vendita specifico e passare il contatto a un collega meno impegnato se non viene gestito entro un determinato periodo di tempo. Questo metodo aumenta il potenziale di conversione dei prospect in acquirenti e garantisce un'esperienza di acquisto positiva e senza interruzioni per il cliente acquisito.

## Suggerimento 5: ottenere una visione olistica dei suoi clienti.

La cattiva notizia è che i sistemi CRM e di marketing non possono registrare tutti i comportamenti dei clienti. La buona notizia è che esiste un'intera ricchezza di dati sui clienti in altri sistemi che possono essere utilizzati per migliorare le prestazioni aziendali. Ad esempio, i sistemi ERP (enterprise resource planning) e di fatturazione contengono informazioni sulle transazioni che possono essere valutate e integrate con i dati di marketing e di vendita.

In questo modo è molto più facile indirizzare i clienti con un potenziale davvero elevato. Anche i dati provenienti dai canali dei social media spesso forniscono ulteriori approfondimenti sulle preferenze e sui comportamenti del gruppo target. In ogni caso, è necessario controllare diverse fonti interne ed esterne. In questo modo si può garantire che i dati di contatto siano privi di errori, il che ottimizza ulteriormente l'efficacia delle campagne pubblicitarie.

**Sommario**

Il mondo degli affari di oggi è vario ed esigente. Questo ha cambiato le linee guida del marketing. I potenziali clienti fanno più ricerche e informazioni prima di contattare le vendite. La creazione di sistemi senza soluzione di continuità, l'adozione di una visione incondizionata del cliente e la valorizzazione della ricchezza di dati disponibili sui clienti o su coloro che stanno per diventarlo, possono promuovere una collaborazione armoniosa tra marketing e vendite. Il risultato finale è una maggiore qualità dei contatti con i clienti e un passaggio interno produttivo con tassi di chiusura più elevati. Oggi abbiamo la fortuna che esistono già tecnologie avanzate e convenienti per sostenere questo sforzo. In definitiva, è nelle mani di ogni azienda costruire un ponte stabile tra marketing e vendite, scegliendo un software flessibile.

# E ORA LEI: IN 10 PASSI VERSO IL SUO PIANO DI MARKETING

Il marketing a volte può essere un labirinto. Ci sono così tante possibilità e modi per raggiungere il successo.

Tuttavia, questa diversità può facilmente essere schiacciante, soprattutto se è ancora all'inizio. Per concludere questa guida, vorremmo renderle un po' più facile l'inizio della pratica e fornirle 10 semplici passi per creare un piano di marketing pratico.

**Fase 1: definire il suo gruppo target e sviluppare una comprensione del suo problema.**
La base più importante per un marketing di prodotto di successo è la conoscenza esatta del gruppo target, la conoscenza dei desideri, dei problemi o delle sfide. Restringere queste persone nel modo più preciso possibile consente un approccio mirato.

**Passo 2: scoprire la sua USP.**
Perché il suo gruppo target dovrebbe scegliere il suo prodotto e non quello della concorrenza? Qual è il suo perché? Quale convinzione ha la sua azienda e cosa rappresenta?

Oggigiorno sempre più potenziali clienti si informano sul messaggio e sui valori di un'organizzazione e valutano se corrispondono ai loro. Quindi la sua organizzazione ha bisogno di una motivazione chiara per cui un potenziale ben informato dovrebbe scegliere il suo bene. In ogni caso, è necessario trovare una risposta chiara. Questa risposta chiara è chiamata USP (Unique Selling Proposition) nell'ambiente del branding e si riferisce a una proposta di vendita unica, ossia qualcosa che solo la sua azienda può offrire o che distingue le sue offerte.

## Passo 3: sviluppare l'entusiasmo dei clienti.

Questo passo consiste nel trovare una definizione precisa del beneficio del cliente. Come costruire esattamente la sua offerta per suscitare emozioni nei suoi clienti e, idealmente, superare le loro aspettative? Ecco alcuni principi per una grande esperienza del cliente:

• La soddisfazione del cliente non deve essere una coincidenza, ma una precisa pianificazione.

• Utilizza componenti sociali positive.

• Dia ai suoi clienti un senso di controllo.

## Passo 4: formulare promessa e garanzia.

Si tratta di presentare al cliente le cose stabilite in precedenza. Tutto ciò che è stato annotato e deciso in precedenza deve ora essere "confezionato" in modo accattivante e convincente, in modo che i suoi clienti possano sviluppare fiducia.

## Passo 5: creare un'offerta irresistibile per iniziare.

L'attuazione delle prime 4 fasi le fornisce ora una base importante per le sue attività di marketing. La fase 5 dovrebbe abbassare la soglia di inibizione dei suoi clienti ad avviare una prima relazione commerciale con la sua azienda.

Si tratta quindi di convincere i potenziali clienti di una certa offerta allettante. L'acquisizione di nuovi clienti di solito assorbe la quota maggiore del budget di marketing, il che è giustificato se esiste un concetto di marketing funzionante.

## Fase 6: Mettere il contenuto nelle parole giuste.

Ora che è arrivato a questo punto, ha pensato a quali sono la sua visione e le sue USP, a cosa vuole promettere ai suoi clienti e a quale offerta entry-level le sembra particolarmente convincente.

Tutto questo deve essere tradotto in buoni testi pubblicitari, formulati in modo chiaro, perché niente rende più difficile per i suoi clienti decidere a favore della sua offerta che testi noiosi e difficili da capire - indipendentemente dalla bontà dell'offerta stessa. Quindi, in qualsiasi modo voglia commercializzare i suoi prodotti, i testi che utilizzerà ne determineranno il successo o il fallimento.

## Passo 7: stabilire una sequenza nel processo di marketing.

Qui si definisce come e dove il gruppo target interessato può essere indirizzato al meglio e convertito passo dopo passo dal primo contatto a clienti regolari e redditizi. Ogni cliente attraversa diverse fasi prima di acquistare un prodotto, che possono variare un po' a seconda del settore.

Il termine tecnico nel marketing è imbuto. Si può immaginare che un potenziale cliente venga introdotto nell'imbuto dall'alto e che ne esca in fondo come cliente. Purtroppo, nella realtà, non tutte le persone introdotte in alto escono in basso come clienti effettivi. Questo perché il cosiddetto imbuto presenta dei buchi attraverso i quali i potenziali clienti possono cadere in ogni fase. L'obiettivo primario deve quindi essere quello di tappare questi buchi nel miglior modo possibile e, allo stesso tempo, di condurre il maggior numero possibile di nuovi potenziali clienti nell'imbuto in alto.

## Passo 8: definire i canali per raggiungere i clienti.

Nella fase 7, sono state definite le rispettive fasi del processo di marketing. La fase 8 dovrebbe ora chiarire quali opzioni i potenziali acquirenti possono utilizzare per passare da una fase all'altra. È importante considerare quali canali di vendita funzionano meglio, dove il gruppo target è ben rappresentato e quali canali si adattano bene alla sua azienda e alla sua offerta di prodotti. Ad esempio, i rollator per anziani non dovrebbero essere promossi sul portale video TikTok, che è popolare tra gli adolescenti. Si concentri sui canali selezionati, invece di provarne il maggior numero possibile.

**Fase 9: sviluppare la comprensione numerica.**
Prima di applicare ciò che è stato appreso, è ancora di immensa importanza capire con precisione i propri numeri.

Molte persone si occupano intensamente di marketing, ma perdono la concentrazione sui numeri. Capire il marketing e calcolarne il successo richiede un calcolo sensato. Solo se conosce i numeri può giudicare se le sue attività di marketing hanno senso o se i numeri devono essere migliorati. In breve: un marketing di successo richiede assolutamente una comprensione dei numeri.

**Passo 10: trovare partner forti.**

È il momento di congratularsi. A questo punto ha gettato le basi per entrare in partnership nel marketing, perché le buone collaborazioni sono fondamentali per il suo successo. In molti settori sono la norma e rappresentano un vantaggio per tutte le parti coinvolte. Ciò è particolarmente vero quando diverse aziende si rivolgono allo stesso gruppo target e offrono prodotti simili.

**Conclusione: questo è il suo piano di marketing**

Come può vedere, può anche essere facile impostare una strategia di marketing pronta per l'azienda. Non è necessario leggere libri di testo o avere una laurea. Il buon senso può creare molto, soprattutto considerando che le singole fasi di un concetto di marketing sono molto simili in tutti i settori.

www.ingramcontent.com/pod-product-compliance
Lightning Source LLC
Chambersburg PA
CBHW031443130726

47989CB00003B/1277